AVERAGE

「きわめて平均的なサラリーマン」が、これほどみんなに愛されているのは、なぜですか？

東京都　まさに壊れかけのRADIOさん（40代）

こんにちは。

私は都内の中堅企業に勤務する、いわゆる普通のサラリーマンです。

趣味と呼べるものがない私の最大の楽しみは、ドライブをしながらラジオを聴くことです。特に、日曜日の黄昏時、FMで安部礼司さんの活躍をチェックするのは、前向きな気持ちで休日を締めくく

るための、大切なルーティンになっています。
　読んで字のごとく、何から何までアベレージ、きわめて平均的な安部礼司さんですが、そんな安部さんを10年以上ラジオで聞いてきて、不思議に思うことがあります。
「平均的なサラリーマンの安部礼司さんが、ここまでみんなに愛されているのは、なぜだろう」
　失礼を承知で言わせていただきますが、正直、安部さんは、会社での仕事ぶりも、常日頃の言動も、そしておそらくルックスも、決して「カッコいい」というわけではありません（ラジオなのでお顔はわかりませんが）。

でも、職場や、プライベートでも、安部さんのまわりには人が集まり、そこにはいつの間にか、楽しくて、ゆるくて、ほっとできる空気が流れます。
ほんとうに不思議だなあ、と思います。
けっして「超一流」ではない平凡なサラリーマンの安部礼司さんは、どうしてここまでみんなに愛されているのでしょうか？
はた目には何も考えていないように見える（すいません！）安部さんが、楽しい日々を送るために、大切にしていることがあれば、教えてください。

毎週日曜夕方5時からTOKYO FM系をはじめとするJFN37局ネットでオンエアされている人気ラジオドラマ『NISSAN あ、安部礼司〜BEYOND THE AVERAGE〜』。平凡なサラリーマン・安部礼司が職場や家庭で巻き起こす「きわめて平均的な」日常のドラマは、2006年の放送開始以来、10年以上の長きにわたって全国のラジオファンの共感を呼び続けている。トレンドの荒波にもまれながら、それでも今を前向きに生きる安部礼司。劇中で彼を励ますのは、昭和生まれの彼が青春時代に聞いた思い出の曲たちだ。番組ではそんな楽曲を「今さらツボなセレクション」と銘打ってオンエア。今も色あせない名曲の数々が、声のドラマを華やかに彩っている。泣き笑いのコメディと「今ツボ」な楽曲で構成される安部礼司は、まさに「サラリーマンへの応援歌」。日曜の黄昏時、月曜を控えてユウウツな大人たちにとって、安部礼司と過ごす時間は、何よりホッとできるかけがえのないひとときである。

WHO's 安部礼司 ?

Average
安部礼司

昭和46年10月10日生

静岡市出身

東京・神保町の大日本ジェネラル勤務

Television
トレンディドラマや、「オレたちひょうきん族」「夢で逢えたら」などのバラエティをこよなく愛して、いまに至る。

iPod
「今さらツボなセレクション」と題した、昭和の名曲たち(80年代歌謡曲・バンドブームなど)が2万曲近く入っている。

Friends
何をするにも競争を強いられた団塊ジュニア世代だが、横のつながりは強いつもり！

Magazine
「大切なことはすべてマンガから学んだ」と豪語するほどのマンガ好き。

!

本書は、そんな
「きわめて普通なサラリーマン」
安部礼司が、
日々の中で大切にしている
であろう事柄を分析し、
ポイントごとにまとめたものである。
とはいえそこに堅苦しさはまるでない。
平均的サラリーマンの最強の生き方、

その秘密はむしろ、
彼の独特な「ゆるさ」にあった。
なぜかうまくいく人が
大切にしている7つのこと
とは何なのか？
シチュエーション別に、
あくまで「ゆるく」
レポートしていきたい。

平均的(アベレージ)サラリーマンの

最強の生き方

なぜかうまくいってる人が
大切にしている7つのこと

チーム安部礼司
＋
TOKYO FM

マガジンハウス

PART 1

大切なのは心底慕ってくれる後輩!

CONTENTS

- 使える後輩には昼めしくらい奢っておく 018
- 後輩に励まされたら辛いカレーを食べて強がる 020
- 息抜きに誘われたら、とことんつき合う 022
- ダイエットの監視役は身近な後輩! 024
- 悩みを聞き出すなら、一緒に鍋! 026
- 上司不在のときは、気持ちよく「おさぼり」に送り出す 028
- 後輩に叱られたら、素直に「ごめん」 030
- 恋愛の相談には「大丈夫」で後押し 032
- 彼女のいない後輩には「ねるとん」開催! 034
- プライベートな出来事は、まず身近な後輩に報告! 036

PART 2

大切なのはなぜ目をかけてくれる上司！

後輩・飯野平太は見た！

「恩返し」より「恩送り」 038

後輩の正義は一緒に守る！ 040

後輩・飯野平太は見た！ 042

上司の得意分野で攻める 044

部内の飲み会は上司の得意分野で攻める 044

上司へのツッコミは脳内で派手に消化する 046

- 上からの叱責は愛ある励ましと受け止める 048
- お洒落自慢の上司に教えを乞う 050
- 男の着こなしは飲みの席で語る上司の与太話は適当にいじる 052
- 誰かの受け売りでも、ピンチのときは素直に拝聴 054
- 正念場を前に景気づけしてくれる上司には素直にのっかる 056
- マイナスな報告はいい話題でシメる 058
- 凹んだときに効く上司のひと言 060

上司・大場嘉門は見た！

PART 3

大切なのは同僚たちとの **他愛もない** 会話！

061

後輩女子は、会話のはしばしで褒める 064

ジェネレーションギャップはボケて埋める 066

知らないことが出てきたら「帰国子女」を気取ってみる 068

誰も知らない過去は言ったもん勝ち 070

上司の「ゼッタイ誰にも喋るな」はこっそりバラす 072

いざこざが起きそうなときには脈絡のない提案！ 074

言いにくそうな話のときは、あえてアホな空気づくり！ 076

女子の言うことには、あまり逆らわない 078

一緒に働く仲間は、一度の失敗くらいで追い詰めない 080

おさぼりスポットでの鉢合わせでは、さりげない歩み寄り 082

○ 妙にしみるオフィス周りのひと言　084

同僚・姫川皐月＆鞠谷アンジュは見た！　085

PART 4

大切なのは**なんでも言い合える**仲間！

気を許せる相手には、弱みも凹みも感情まるだし　088

挨拶代わりの嫌みなツッコミは、そのまま聞き流す　090

同世代と見込んだら、好きなマンガで探り合い　092

耳が痛い発言は、時と場合によって取捨選択　094

イケてるサラリーマンは使いよう　096

○ その気にさせる友のひと言　098

友人代表・刈谷勇は見た！　100

PART 5

大切なのは**適度な**頑張り！

できないスキルを要求されても、聞き流して自分流　104

好きな分野をちゃっかり仕事にくっつける 106

なんだかよくわからないビジネス用語には、適当に相槌 108

苦手な相手は、「近いうちに」とか「また今度」で曖昧な約束！ 110

サボれる仕事は大事に扱う 112

どんなときでも定時で退社を目指す 114

営業トークは生保レディに学ぶ 116

不得意なことは他力でカバー 118

うれしい報告は電話じゃなくて、あえて会社に戻ってから！ 120

毎日つき合ってくれる自分の胃に感謝 122

○リキみがとれる巷のひと言 124

PART 6

大切なのは
気持ちの持ちよう！

中身はイマイチでもプレゼンだけはDJ気取りで楽しく明るく！ 128

浮かれすぎくらいの妄想で気持ちをアゲアゲ！ 130

ダメ出しされても、「期待されてる」ってことで納得 132

飲み会押さえるのも、サラリーマンの大事な仕事！ 134

ダラダラと仕事するくらいなら、「おさぼり」でリフレッシュ！ 136

どんな喩えも都合よく解釈 138

ストレスが溜まりすぎたらヒトカラで解消！ 140

苦手な分野で背伸びしない 142

○ 気持ちをラクにするひと言 144

PART 7
大切なのはやっぱり
ラブ！

恋の極意は社外で調達 148

女子の頼みとあらば、ダイエット中でも食べまくる 150

合コンでは上司・部下の上下関係はなし 152

女性から元気のない電話がかかってきたら、放っておかない 154

好きな人のためなら、とことん待つ 156

大切なのは、かけるお金じゃなくて、気持ち 158

プロポーズの言葉は平均的でもよしとする 160

○ 背中を押してくれるひと言 162

妻・安部優は見た！ 163

いつか役立つ平均的サラリーマンの人生訓 165

あとがき――安部礼司のトリセツ 170

特別付録 あなたの安部礼司度をチェック！ 172

PART 1

大切なのは

心底慕って
くれる
後輩！

使える後輩には

必要なのは、
イケてる友達10人より
1人の頼れる後輩!

昼めしくらい奢っておく

「年上の女房は金のわらじを履いてでも探せ」という言葉があるが、サラリーマンのみなさんに、姉さん女房よりよっぽど真剣に探してほしいものがある。それは「使える後輩」。

さあ、今すぐ金のわらじを履いてオフィスを血眼でサーチ！『教師びんびん物語』におけるトシちゃんの輝きの半分は、後輩「榎本」とのコンビネーションに由来するものであった、ということを肝に銘じてほしい。未熟で、バカで、そそっかしいけど、でもどこか憎めない「ザ・後輩」。俺、先輩のためならマジ何でもやります！ そんな気概がありさえすれば、彼が「使えるかどうか」は重要ではないのかもしれない。

さあ、一緒にいるだけでおサボリや寄り道が楽しくなる、そんな後輩を探そう。いない場合はDo It Yourself！ 気になる若手に昼飯を奢るなどして、自力で「マイ後輩」を育てるのもいいだろう。

こんなときの今ツボ曲

抱きしめて TONIGHT

田原俊彦

後輩に
　励まされたら

辛いカレーを
食べて強がる

先輩として最も哀しくも屈辱的なのは、後輩に労（いたわ）られることだ。会社でのミス。部長に怒られる姿を見られるときほど、恥ずかしいことはない。

そんなとき「せんぱーい、ドンマイっす」などと言われようものなら、穴を掘って隠れたい。穴が掘れなければ、しばしロッカーの中に身を潜めたい。

でも、ここで発想の転換。

むしろそんなときは、後輩にこう言おう。

「おい、今日のランチはカレーに行こう！」

元気いっぱいに誘ってみる。カレー屋さんに着いたら、その店の辛さランクの上位を指定してみよう。後輩が、辛さ3を選べば、辛さ5を、後輩が5に変えたら、辛さ10を。ひとくち頬張れば、汗とともに、恥ずかしさも流れ出ていくはずだ。

「先輩、すごい汗っすけど」と言われれば、こう答えよう。

「からいと、つらいは、同じ漢字を書くんだぜ」

こんなときの今ツボ曲

ガッツだぜ!!

ウルフルズ

息抜きに
誘われたら、

022

とことん
つき合う

!

後輩を持つにあたって、肝に銘じておきたいことがある。それは、「一緒にサボることは、一緒に仕事をするのと同じくらい、尊い」ということ。

——今日、誘ってきたのは他でもない後輩のほうだ。当然、慕われていると思っていい。わざわざ一緒に息抜きをしようなんて言ってくるのだ。もし彼にとって、うわべだけの「いい先輩」であったとしたら、一緒にいること自体が息抜きにはならない。確かにサボりすぎはよくない。でもサボらなさすぎはもっとよくない。「ＯＫ。息抜きも大事だもんな。マンガ喫茶５時間パックでいいか？」

懐が寂しければ無理してランチまで奢らなくてもいいだろう。「ごめん、今、腹はそんな減ってないんだよな」とかなんとか言いながら、缶コーヒー１本ご馳走するだけで、充分に「分かってる大人」ぶることができるはずだ。真面目なだけじゃない「大人の余裕」を、上手に演出しよう。

こんなときの今ツボ曲

大人になれば

小沢健二

ダイエットの監視役は

先輩、
健康は大事っす！

身近な後輩！

今日は、後輩と朝イチのプレゼンだ。地下鉄のホームに電車からあふれ出るサラリーマンたち。地上に出る選択肢は2つ。エスカレーターか、階段か。エスカレーターには、行列ができている。後輩がチラッと階段を見た。そう、颯爽と階段を駆け上がりたい。しかし、しかし……。このところ、体が重い。後輩の視線が、自分のお腹あたりに注がれる。彼は心で思っているに違いない。
「ほんとは、階段を行きたいっすけど、ダメっすよねえ、先輩、最近、太ったし……」

　そんなときは、有無を言わさず、階段を選択しよう！ ふくらはぎやアキレス腱が悲鳴をあげたっていい、息が苦しいのなんか、何でもない。
　大事なのは、後輩からせっかくもらった『サイン』を見逃さないということ。
「さあ、行くぞ！ カロリーは消費するために摂取するんだ！」

こんなときの今ツボ曲

俺たちの明日

エレファントカシマシ

悩みを
聞き出す
なら、

最近、どうだ？

一緒に鍋！

どうせなら、一生の記憶に残るような先輩になりたい。少なくとも後輩が「自分もいつかあんな先輩になりたい」と思うような先輩になれるよう、精進したい。

いい先輩というのは、まず例外なく、後輩の悩みを聞くのが上手い。でも冷静に考えてみよう。悩みを「聞く」というきわめて受け身な行為に、果たして上手い下手は存在するのだろうか？ 大切なのは、後輩がココロに溜め込んだ苦悩を、どれだけ気持ちよく吐き出せるか。その「雰囲気づくり」にどれだけ気を配れるかが、先輩の腕の見せどころだといっても過言ではない。

「何か悩みでもあるのか？」。騒がしいいつもの飲み屋で聞くのもいいだろう。なんなら、スーパーで具材を買って家まで押しかけてもいい（まさか、その家に悩みの原因がいたりしなければ）。鍋をつつきながら「で、最近、どうだ？」と渋く決めよう。

こんなときの今ツボ曲
翼の折れたエンジェル
中村あゆみ

上司不在の
ときは、

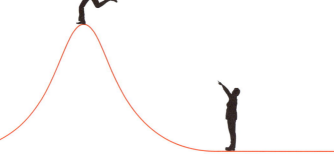

気持ちよく
「おさぼり」に
送り出す

先輩たるもの、時に後輩の手綱を緩めることも大切だ。金曜日のある午後、部長が言った。

「急な出張が入ったんで、今日は戻らない。あとはよろしく頼む」

部長が出て行く。ドアが閉まった途端、ふわっとオフィスの空気がゆるくなる。こんなとき、「部長がいないからってサボろうなんてダメだぞ。オレがいるんだから」と虚勢を張ってみるのも一案だが、あえてここは、ゆるさにのっかってみよう！

「先輩、新人の女性と遅めのランチに行ってくるっす」と後輩が言えば、すかさず、こう返すのだ。

「ランチのあとは、ゆっくり、お茶でもしてこいよ。部長もいないことだし」

後輩の瞳が輝く。そう、その目だ。瞳に書かれた字が見える。『話のわかる先輩』。

ただし、部長が忘れ物を取りに帰ってこないか、チェックを怠ってはいけない。

こんなときの今ツボ曲

Private Eyes

ダリル・ホール＆ジョン・オーツ

後輩に叱られたら、

素直に「ごめん」

男は常に「格好いい」と思われたい。そして世界にはいろんな「格好いい」が存在する。ヒーローが悪を倒すのも格好いいし、一匹狼が権力に背を向け、無頼派を貫く姿も格好いい。

では会社員の場合はどうだろう？ 後輩は先輩のどんな姿を「格好いい」と思うのだろう？

チャンスは意外なタイミングでやってきた。残業で沈んだ社内の雰囲気を明るくしようと始めたおフザケが度を越して、後輩の逆鱗（げきりん）にふれたのだ。「先輩、今そんなことしてる場合ですか？」。ここで行きすぎを素直に認め、後輩にきちんと「ごめん」と言える男は、間違いなく格好いい。「いかにスマートな謝罪ができるか」は、まさにサラリーマンの一生のテーマ。人は年齢を重ねるほど、素直に謝ることができなくなるものだ。しかし後輩は見ている。先輩がどんな格好いい謝罪を見せてくれるのかを。「ごめんなさい」は、大人の見せ場なのだ。

こんなときの今ツボ曲
素直に I'm Sorry
チェッカーズ

恋愛の
　相談には

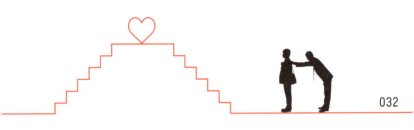

「大丈夫」で
　後押し

「僕ようやく好きな人ができたんです。でも彼女、元カレに未練あるみたいで……先輩、僕、どうしたらいいと思いますか？」

　人の恋愛などどうでもいい。しかし、そんな真実の言葉を聞きたくて、彼は相談してきたのではない。ついでに言うと、百戦錬磨の恋愛マスターと見込んで、恋の相談をしてきたわけでもないだろう。

　となるとベストの回答は絞られてくる。「もっと自分に自信持てよ。大丈夫。お前なら行けるよ！」。そんな「大丈夫」一択で押し続けるのが先輩としての仕事になるだろう。しかし「大丈夫」という言葉ほど言い方に左右される言葉もない。頭の「だ」を伸ばしながら2回連続で「だ〜いじょぶだ〜いじょぶ！」、こんな軽薄な大丈夫を繰り出す人間にだけはなりたくないものだ。「先輩の『大丈夫』って、不思議と本当に大丈夫な気がするんすよね」。そんな一流の「大丈夫使い」を目指そう！

こんなときの今ツボ曲
愛があれば大丈夫
広瀬香美

彼女のいない
後輩には

「ねるとん」
　　　開催！

間違ってはいけないのは、後輩が先輩に、年がら年中「大人の分別」を求めているわけではない、ということだ。

「この人いい大人のくせして、何やってんだ!?」。時にそんな、年長者らしからぬアナーキーでパンキッシュな行動が、若者の胸を打つことは充分ありえる。「周りの目なんて俺には関係ねぇ!」とばかりに、「やるときゃ徹底して馬鹿をやる俺」をアピールすることは、「パイセンの底知れなさ」を演出するためにも、一度は必要な行為だと心得ておこう。

結局のところ、後輩の心に残るのは、先輩の「言葉」よりも「行動」だ。恋人がいない後輩に、慰めの言葉をかけるのも大切だ。しかし、「よし! じゃあ開催してやるよ! ねるとんパーティー!」と、荒唐無稽な提案力と、常識外れの行動力を見せつけられたら、その姿は一生、後輩の心に残ることだろう。たとえねるとんが失敗に終わったとしても。

こんなときの今ツボ曲

春咲小紅

矢野顕子

プライベートな
出来事は、

まず身近な
後輩に報告！

後輩はあんがい「順番」を気にしている。
「先輩は一番に俺をランチに誘ってくれる」
「でも先輩が一番仕事を褒めるのは、俺じゃなくてアイツだ」
「今月先輩は、部長とは飲みに行ったのに、俺はまだ、声もかけられない……」

実際のところ、順番なんてまったく関係ない。だがしかし、もしも自分が後輩の立場だったとしたら、順番を気にせずにいられるだろうか？ 先輩ハ、俺ノ事ヲ、ドウ思ッテルンダロウ？

もちろん大切な後輩だと思ってる。ぶっちゃけ一番頼りになるのはお前だと思ってる。でも、思っているだけじゃ伝わらないこともある。そんな当たり前を再確認しながら、今一度、無頓着だったいろんな「順番」とちゃんと向き合おう。
「実は、結…」「先輩、父親になるって、どんな気分っすか!?」。ついでに、誤解があれば解いておこう。

こんなときの今ツボ曲

パパの歌

忌野清志郎

給料日前の、ランチタイム。後輩を食事に誘う。もちろん立ち食い蕎麦でいい。券売機にお札を入れ、少し低い声でこう言おう。

「さあ、なんでもいい、好きなボタンを押すんだ」

後輩はこう言うに違いない。

「え? いいんすか? 実は今月ピンチで、助かるっす。このご恩は、いつか先輩に返します!」

そう言われたら、すかさず、こう切り返す。

「先輩からしてもらったことを、先輩に返すのは、ご恩返し。でもなあ、江戸時代には、ご恩送りっていう言葉があったんだ。目上のひとから受けた恩を、自分の後輩に返していくこと、それがご恩送り。オレに返すんじゃない、おまえの後輩につないでくんだ(って部長に言われたなあ)」

後輩のまなざしは、尊敬であふれることだろう。そして彼は力強く『天玉そば』と『いなり』のボタンを押す。

こんなときの今ツボ曲

ありがとう

井上陽水・奥田民生

後輩の正義は

ダメなんかじゃ
ありません

一緒に守る！

後輩がミスをおかした。日程の聞き間違いだ。「四日(よっか)」と「八日(ようか)」。電話だけで約束してしまい、文書での確認を怠った。でも、先方にも非はある。なのに別の部署の課長が後輩を怒る。
「日程の確認もできないなんて、ビジネスマンとして失格だ！サイテーだ！ダメダメ社員だっ！」
　確認をちゃんとしなかったのは確かによくない。でも、他部署の人間にそこまで言われるのは心外だ。そんなときは、思わず、心のままに、大きな声で反論しよう。

「ダメなんかじゃありませんよ。ミスは仕方ない。大事なのはミスしたあとにどう対応するかです！」
　後輩の目に涙がたまる。階段脇の自販機で缶コーヒーを2つ買って後輩と飲む。「オレはさ、自分もいつか間違いを犯してしまうんじゃないかという怖れを持たない人間、嫌いなんだ」。コーヒーを飲む後輩の瞳が輝きを取り戻した。

こんなときの今ツボ曲

KANSHA して

SMAP

From NISSAN あ、安部礼司 〜BEYOND THE AVERAGE〜

後輩
飯野平太
は見た！

先輩のいいところっすか？そうっすね……「分け隔てしない」ところっすかね。上司にも、部下にも、定食屋のオバちゃんにも、相手が誰であってもキャラを変えたり全然しなくて。誰にでもニコニコ気さくに話しかけたりして。でもそれって自分がやってみると、意外とできそうでできないっていうか、ちょっとしたことで他人に対してイライラギスギスしてしまう自分なんかからしてみたら、そういうところは見習いたいなって思うっす。

いいの・へいた●大日本ジェネラル勤務のミスター後輩キャラ。中途入社で安部礼司と同じ部署に配属。普段は素直で心優しい後輩だが、ひとたびタガが外れると手がつけられないほど猪突猛進な熱血漢に。オタク分野に造詣が深い。

PART 2

大切なのは

なぜか目を
かけてくれる
上司！

部内の飲み会は

上司の得意分野
で攻める

上司とは、常に部下に大切にしてほしい生き物だ。シンプルに言うと、その一言に尽きる。

しかし上司は、部下の「うわべだけのお世辞」や「とりあえずの気遣い」を瞬時に見抜く、特殊能力の持ち主でもある。

「私はあなたを何より大切に思っています」。思いを態度で示すためにはまず、部の飲み会を見直そう。飲み会の幹事を務める際は、「上司ただひとりの満足感」、これを最優先で考えてこその一人前の部下である。

上司が日本酒が好きならば地酒が充実したダイニング、ダーツにハマってると聞けばダーツバー。華を持たせて機嫌を取って、部下たちの気遣いに嬉しくなった部長は酒も進むだろう。財布の紐だって緩くなるだろう。トップが大満足してこその、いい酒宴。一流の部下の掟である。安易に勝負を挑んで、勝つなんてのはもってのほかだ。

こんなときの今ツボ曲

Don't Worry, Be Happy

ボビー・マクファーリン

上司へのツッコミは脳内で派手に消化する

!

女性社員が今日の洋服のコーディネートについて話している。そこにやってくるオヤジギャグ炸裂の部長。「やっぱさあ、コーディネートは、こうでねーと」。一瞬、静まり返るオフィス。ブリザードが吹き荒れていることも知らずに、さらに部長が畳みかける。「おい、電話鳴ってるぞ〜。電話が鳴っても、誰もでんわ〜」。

こんなときこそ、脳内ツッコミ。「おいおい、みんな引いてますよ！」「あちゃ〜それいっちゃあ、おしまいですよ」「ああ、寒い寒い寒い！ そのギャグ、凍えそう！」。ツッコミは激しく容赦なく。脳内は自由、脳内は無法地帯。夜の居酒屋でこんなふうに語り出す部長。「俺はなあ、酒を飲んでぐだぐだ説教する上司がいっちばん嫌いなんだ」って、それこそ2時間、語ってますよ！ こんなときも脳内ツッコミで乗り切れ！ ただし、くれぐれも調子にのって思わず口に出さないように！

こんなときの今ツボ曲
シャアが来る
堀光一路

PART 2 ── 大切なのはなぜか目をかけてくれる上司！

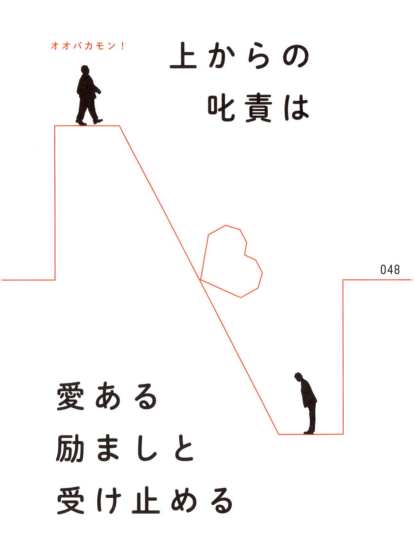

よい上司とは、みんなの前で褒め、ひとり呼び出して叱るひと。新商品のアカウントをめぐり、ライバル会社との壮絶なコンペが行われたが、あえなく、敗退。落ち込んでいるときに部長に呼ばれ、いきなり「オオバカモン!」と叱られた。

でも、変にいたわりの言葉をもらったり、「次があるさ」と慰められるより、いっそ叱られたほうが、スッキリできるときがある。

「すみませんでした。もっとやれたはずなのに、あと一歩の粘りが足りませんでした」

素直に自分を振り返る。

でも、部長は叱っただけでは終わらない。

「ちょっと、一杯、飲みにいくか」

酒場では仕事の話はいっさいしない。部長が飼っているチワワの話に終始する。

そんなとき、さっきの「オオバカモン」が沁みてくる。

こんなときの今ツボ曲

WOW WAR TONIGHT 〜時には起こせよムーヴメント

H Jungle with t

男の着こなしは

私を見習って
お洒落したいだなんて、
そりゃ最高の心がけだ

お洒落自慢の
上司に
教えを乞う

大人のおしゃれは茨の道だ。着こなしにうっかりトレンドを取り入れて、もしも後輩から「先輩、シャレオツっすね(笑)」的なリアクションを取られたらどうしよう。若作りに必死な中年の烙印(らくいん)を押されてしまったらどうしよう。

でもしかし。にしてもこのままでいいのだろうかと、無難な服で溢(あふ)れかえったクローゼットの前で溜息ひとつ。そう、やはりおしゃれとは冒険。そして冒険心を失った人生ほど、つまらないものはない。だからもし周りに、おしゃれを楽しんでいる上司がいたら、最大限の敬意を払うべきである。「お見事なチョイ悪ファッションっすね」などと揶揄(やゆ)するのはもってのほか。かといってその着こなしを、闇雲に絶賛すればいいというものでもない。

ではどうするか。ズバリ、教えを乞う。たとえ『LEON』の受け売りでも、その懐に飛び込むことで見えてくる、意外な世界がきっとあるはずだ。

こんなときの今ツボ曲

survival dAnce 〜 no no cry more 〜

TRF

飲みの席で語る
　上司の与太話は

またまたー

適当にいじる

得意先との会食を終え、「口直しに、もう一軒、行くか」と上司に誘われる。暗い店内にオレンジ色の灯りがふわっと浮かぶワインバー。カウンターに並んで腰かけて、上司が、こう切り出す。

「これは、まあ、私の友人の話なんだが、部下の女性に恋をしてしまってねえ」

賢明な諸君ならおわかりだろう。『私の友人の話』というのは、すなわち『私の話』ということに他ならない。「禁断の恋というのは、だからこそ、燃え上がるというものだ」。すっかり悦に入っている上司。しかるべきタイミングで適度にいじってあげよう。

「またまた、それって、友人の話じゃなくて、部長の話、なんじゃないですか？」

実は、武勇伝を聞かせたいのである。つまるところ、自慢話なのである。

「いやいや、違うよ、友人の話だ」。そう言う上司は、きっといい顔をしているはずだ。

こんなときの今ツボ曲
恋しくて
BEGIN

誰かの
受け売り
でも、

ピンチの
ときは
素直に拝聴

極限ギリギリの状況下でも、人は、妙な部分だけ冷静だったりするものだ。

「いいかい。私はこんな話を聞いたことがある」と切り出した上司の話が、たとえ、昨夜読んだ『週刊ダイヤモンド』の丸パクリであったとしても、それを批判してはいけない。なぜなら誰かを励ます際に、「人の言葉をパクってはいけない」という決まりは、この世には、ない。

ここでもっとも大切なのは、話のオリジナリティではなく、言葉をかけてくれたその優しさ。実際、弱った部下に声をかけるというのは、非常に難しいことなのだ。話の内容もさることながら、声をかけるタイミングや、話すときの表情など。気にしだすとキリがない。

「良かったら徹底的に伝授するよ」。それだけでもう充分ではないか。話が誰かの受け売りであっても。「よし、その前に一杯飲もう」……夜は長い。

こんなときの今ツボ曲
夜明けの MEW
小泉今日子

正念場を前に
景気づけして
くれる上司には

素直に
のっかる

大きな仕事が舞い込んだ！ 久しぶりにオフィスに緊張の風が吹く。「やれるかな」。自信のなさをのぞかせると、すかさず部長が大声で諭す。
「そんな弱気でドースル!? 絶対うまくいく！ そんな気概がなくては、仕事など成功しないぞ！ まずは、気合いだっ！」
　いつもはなんとなくウザい部長の精神論も今日はなんだか背中を押してくれる。
「よし、景気づけに、今から飲みに行こう!! ぱぁーーーっといくぞ！」

　そうなのだ。こういうときは、のっかったほうがいい。
「はい！ 行きましょう！」
　それでいい。のせてくれる上司あらば、大いにのせてもらいましょう。ただし、「あ、でもなあ、会計は割り勘で……」というような上司には、のらなくていいかも。

こんなときの今ツボ曲
それが大事
大事 MAN ブラザーズバンド

マイナスな報告は いい話題でシメる

なるべく「良いこと」を後ろのほうに…

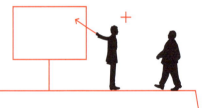

サラリーマンたるもの、性格は暗いより明るいほうがいいだろう。でも、筋金入りのネクラ人間だった場合は……？ 生まれつきのネガティブ思考は、簡単に変えられない。

でも焦る必要はない。マイナス思考は「ある技」で見事にカバーができる。その技の名は『あとよし言葉』。これは、どんなに重く、ネガティブな話をしたときも、最後はポジティブで、前向きな言葉でシメるようにするという、話をする上でのテクニックだ。

「ゆうべバーで、部長が酔ってしてくれたお話、正直内容的にむずかしい部分もあったんですが、でも……部長の『熱さ』だけはビンビンに伝わってきて、それはすごく嬉しかったです！ ごちそうさまでした！」

そう、すべてを「あとよし」で終わらせようとすると、時にはかなりの力業が必要になるので、それだけは覚悟しよう。

こんなときの今ツボ曲

熱くなれ

大黒摩季

凹んだときに効く上司のひと言

会社っていうのはな、
いつだって
迷惑をかけ合う
場所なんだっ！

それぞれの
人間が、それぞれの花を、
好きな場所で咲かせる。
それでいいんです。

From NISSAN あ、安部礼司 〜BEYOND THE AVERAGE〜

上司
大場嘉門
は見た！

随分長いつき合いになるが、時代が変わっても、安部礼司は変わらない。年齢を重ねて、偉ぶるでもなく、理屈っぽく老け込むでもなく、安部礼司は、今日も、出会った頃と同じ調子でへらへらと笑っている。でも私はわかっている。「ずっと変わらない」ということは、実は、すごく大変なことなのだと。安部礼司は今もなお、昔と変わらず、やわらかい。「柔軟さ」「素直さ」「青さ」は若者だけのものではないと、彼を見ると思うのだ。

おおば・かもん●大日本ジェネラル開発本部の部長。安部礼司を入社当時から知る上司。バブル世代なのでトレンドとグルメには人一倍敏感。不倫は文化だと豪語するチョイ悪な一面も持ち合わせている。趣味は官能小説執筆。

PART 3

大切なのは

同僚たちとの
他愛もない
会話！

後輩女子は、会話のはしばしで褒める

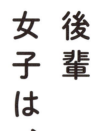

か、可愛いね…

!

つくづく痛感するのが「褒めること」の大切さだ。「課長！ 最近ゴルフの腕前、上がってきましたね！」なんて「ヨイショッ！」って声が聞こえてきそうなものから、「送別会の部長の挨拶、本当、感動しました……」なんていう感動系まで、どれだけの「褒めパターン」を用意できるかで、社内の空気は大きく変わる。

この、「褒め」でいい関係を築く『褒めニケーション』、「後輩のいいところを無理矢理探して褒めるなんて……」とプライドが邪魔するのは最初だけ。「お前最近、いい仕事してるな！」。そう言われてパッと輝く後輩の顔を見た瞬間、自分の心も温かくなるだろう。

中級者は「可愛いね」から始まる「女子社員褒め」にも挑戦してみよう。ただしファッションを褒める際「それおニュー？」などのまさかの死語でドン引きされぬよう、くれぐれもご注意を。

こんなときの今ツボ曲

OH YEAH!

プリンセスプリンセス

ジェネレーション
ギャップは

ボケて埋める

！

どんなテレビ番組が好きだった？ 昔ハマったバンドは？ そんな無駄話で盛り上がるのもたまには大事。そう思って話しかけたのに……。
「そんな番組知りません」「そんな歌知りません」
　ああ、哀しきジェネレーションギャップ！ だがここで落ち込んでばかりもいられない。
「通ってきたテレビや音楽がひとつも被ってないとき、この先輩はどんな行動に出るんだろう？」
　そう、若者の視線はジェネレーションギャップの「その先」に注がれているのだ。知ったかぶりはもちろんアウト。「それ知ってなきゃダメ？」といった逆ギレも当然ＮＧだ。こんなときは「敢えて」ボケる、強心臓な昭和のタフガイを演じたい。
「エビちゃん？ ユニコーンのベースの人でしょ？ わかるわかる！！」。蛯原友里世代がユニコーンのＥＢＩを知っているかどうかは、この際置いておこう。

こんなときの今ツボ曲
大迷惑
ユニコーン

知らないことが
出てきたら

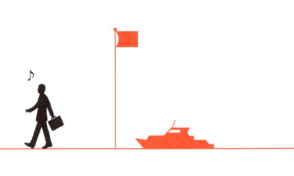

068

「帰国子女」を
気取ってみる

サラリーマンも中堅ともなると、「知らないことが恥ずかしい」という局面に遭遇する。今さら、聞けないけど、どうも不安な常識がある。

言葉もその一例。たとえば、『とりつく島がない』を、『とりつく暇がない』と思い込んでいたあの頃。語源を知れば一目瞭然。航海に出た船が海が荒れてどの島にも接岸できない、ああ、途方にくれる、という意味である。でも、それを後輩に指摘されてしまったら？「ええ？ まさか、先輩、そんなことも知らなかったんですか？」。

すかさず、こう答えよう。
「あ、ああ、オレさ、帰国子女だったから」
エスカレーターの立ち位置や箸の使い方の間違いにも、魚へんに包むと書いてなんと読むかを聞かれて知らなくても、平然と「ああ、オレさ、帰国子女だったから」。
たいがいは、これで乗り切れるはず。

こんなときの今ツボ曲
ハッピー・サッド
ピチカート・ファイヴ

誰も知らない過去は

あああ、
勉強ばっかりしないで、
遊んでおくんだった

言ったもん勝ち

社内の親睦を深める、いわゆるレクリエーション。バーベキュー大会くらいならまだ許せるが、もうひとつ意味がわからないのが、ボーリング大会。今、なぜ？ ボーリング？ でも必ずこんなふうに言う幹事。「え？ 知らないの？ 今、キテるんだよ、ボーリング」。そしてそういう幹事はボーリングがすこぶるうまい。さらにふだんは窓際で目立たない管理職のオジサンが、びっくりするくらいスコアがよかったりする。いや、スコアなんてもんじゃない。My手袋、Myシューズ、Myボール。レーンすれすれからボールを曲げてストライク！ 女子社員とハイタッチしている。あんな笑顔、見たことないゾ。

　そんなとき、ああ、ひとり100にも届かない。ガーターの連続。「ドンマイですよ」と女子社員に慰められたらこう言おう。

「あああ、学生時代、勉強ばっかりしてないで、遊んでおくんだった！」

こんなときの今ツボ曲

がんばりましょう

SMAP

上司の「ゼッタイ
誰にも喋るな」は

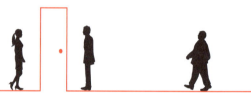

こっそり
バラす

上司の「絶対誰にも喋るなよ」ほどやっかいな言葉はない。それは大概聞くと誰かに言わずにはいられない、「えっ！」という社内の噂だ。上司もおそらく他の誰かに「誰にも言うなよ」と釘をさされたに違いない。でもどうにも我慢できずに、こっそり打ち明けてきたのだ。だとしたら自分だけ喋っておいて、人には「喋るな」というのはあまりにひどい。うん、そうだ。「誰にも喋るなよ」と釘さえさせば、何人かの同僚には打ち明けてもいいはずだ。みんなの「えっ！」と驚く顔が目に浮かぶ。ああ、早く言いたい！

しかしこのとき、秘密の「打ち明け方」には充分気を付けよう。ニヤニヤしすぎて軽薄な雰囲気が出すぎないように、かといって必要以上に重苦しい口調で披露して、「聞くんじゃなかった」と後悔されないように。そして、同僚たちもやっぱり、誰かに喋ることを覚悟しておこう。

こんなときの今ツボ曲
Beat it
マイケル・ジャクソン

いざこざが
起きそうな
ときには

074

脈絡のない
提案！

夏の海辺でのイベント。運営するほうは大変だ。暑い、肌がヒリヒリする、のどが渇く、砂に足をとられフラフラする。たくさんのお客様が足を運んでくれて、笑顔で帰ってくれて、もうそれだけが心の糧だなあと思っていると、なにやらトラブル。「もっとちゃんと仕切れって言っただろうがっ」「やりたいけど、こっちだっていっぱいいっぱいなんだよっ」。イベント終了後にありがちな不満の噴出、ミスの指摘、いざこざの始まり。要はみんな疲れているだけなのだ。そんなとき、いきなりこんなふうに提案してみる。明るくできるだけ能天気に。

「ねえ、みんなでビーチバレーやんない？」

はぁ？ という顔をするひとがいるだろう。でも、かまわない。率先してサーブを打ってみる。疲れているのに夢中になる面々。そう、いつしか彼らに笑顔が戻る。「もう１ゲーム！」。夕陽でオレンジ色に染まった世界に元気な声が響き続ける。

こんなときの今ツボ曲

勝手にシンドバッド

サザンオールスターズ

言いにくそうな
話の
ときは、

076

あえてアホな
空気づくり！

後輩に居酒屋に誘われる。むむ、これはなんだかややこしい話になりそうだ。最近、彼は社内恋愛をしているらしく、その相談に違いない。ビールのジョッキを傾け、お通しが来ても、会話がない。彼はしゃべるきっかけを探っているんだ。そんなときはこんな会話を始めよう。「今さ、お通しでさ、目の前に、もずく酢があるけどさ、あれだよな、どんなに親しい友達でも、ひとが食べたもずく酢を吸うのって、なんか抵抗ない？ ああ、それでさ考えたわけ、他にも友達と分け合いたくないものないかなって、やっぱ、オクラとか、納豆サラダとかさあ、ネバネバしたもんがダメだよなあ、これってつまり、唾液を連想するものがキスをイメージして」とそこまで話したとき、後輩が言う。

「キス、したんです。派遣の女性と」。えええ？ ここで驚いても、平然と！「そうか、よく話してくれたな」。そこでズズっと、もずく酢と驚きを飲み込もう。

こんなときの今ツボ曲
愛のために
奥田民生

女子の言うことには

あまり逆らわない

「**言**い訳する男はみっともない」とすべての女子が思っている。「でも」それは違うと思う。「だって」女子はそもそも男を誤解しているのだ。「どうせ」女子に男の気持ちなんか、わかるわけがないのだ！……と、次々書き立ててしまうくらい、男は本来、言い訳したい生き物だ。プライドを傷つけられるとムキになって、何か言わずにいられなくなる。そしてそれを「言い訳」とひと言でまとめられると、ますます必死で反論してしまうのだ。

　ちなみに、「でも」「だって」「どうせ」は「３Ｄ言葉」といって、言えば言うほど幸せが逃げていくらしい。これ以上幸せを逃さないために、そしてこれ以上みっともないと思われないためにも、これからは少なくとも、女子の言うことにはあまり逆らわないほうがいいだろう。時に理不尽な言動にカチンとくることもあるだろう。だがそこはジッと耐えよう。耐えて男は大きくなるのだ。

こんなときの今ツボ曲
DA. YO. NE
EAST END × YURI

一緒に働く
　　　仲間は、

サラリーマンは助け合いだ！

080

一度の失敗
くらいで
追い詰めない

!

後輩がピンチだ！ 社内のゴルフコンペの案内状、日程を間違えた。5月31日（日）とあるが、本当は30日（土）だった。社長にまで配られる案内状なので社内は騒然となる。しかし後輩は訴えた。「ボクは指示どおりにやっただけっす」。隣の課の係長から31日だと言われたと。「しかも、証拠までありますよ、ほら、ここにメモが！」。確かに白いポストイットには『5月31日でよろしく！』、そして係長のハンコまで押してある。

「あいつのせいで、チキショー！ これでギャフンと言わせてやります。このメモで！」。でも、鬼の首をとったように鼻息が荒い後輩は全力で止めよう。「サラリーマンは助け合いだ。いつなんどき自分がミスをして窮地に立たされるかもしれない。少なくとも、仲間は追い詰めちゃいけない」。後輩の気持ちがおさまらなければ、飲みに誘いこう言おう。

「ひとは一度許したら、一度許される」

こんなときの今ツボ曲

約束の橋

佐野元春

おさぼり
スポットでの
鉢合わせでは、

相席、
よろしいですか？

さりげない
歩み寄り

外回り中、会社の誰も知らない、自分だけの「隠れ家使いのサ店」に逃げ込めば、そこは束の間のパラダイス。ああ、サボり中に飲むアイスコーヒーは、どうしてこんなに美味しいのか……？

しかし次の瞬間、全身を恐怖が襲う。向こうの席にいるのは……同じ部署の窓際社員さん？ いつも無口で無愛想な、社内屈指の変わり者もおサボり中！ さてこんなとき、どうするか……？

もちろん、己と向き合い、あくまで独りでボーッとするのが「おサボり」の基本ルールだ。しかし、一度もきちんと話したことがない社員同士が鉢合わせしたのなら話は別。何しろ2人がそれぞれに「サボろう」と思わなかったらこの出会いはなかった。これはサボリの神がもたらした、運命の出会いだ！

「相席、よろしいですか？」。そう言っていたずらっ子のように微笑みかけてみよう。そしてそこから始まる、予想外の展開を楽しもう。

こんなときの今ツボ曲

Ticket To Paradise

中西圭三

妙にしみるオフィス周りのひと言

酒場でさ、
そんな弱音を吐いちゃう
夜があったっていいじゃない?
完璧な人間なんて、
この世にはいないんだからさ。

妙にしみるオフィス周りのひと言

お金を稼ぐって、
カッコ悪いことだらけです。
でも、だから、
打ち上げは楽しく、
飲むときは明るく。
一緒に働く仲間は大事に！

From NISSAN あ、安部礼司 〜BEYOND THE AVERAGE〜

同僚
鞠谷アンジュ
は見た！

安部さん、私が残業してると、「これで夜食、好きなもの買っておいでよ」って一万円札。とんでもなく器がデカい！ 栄えてる！ でも「あ、ごめん、千円札と間違えちゃった、てへ」って器が小さい！ でもそこが好き！

まりや・あんじゅ● 2013年に大日本ジェネラルに入社したぴかぴかOL。なぜか「栄えるのじゃ」が口癖。高尾在住。お兄ちゃんが好き。

同僚
姫川皐月
は見た！

安部さんって、なんか変です。3基あるエレベーター、自分の前のがピーンって来ただけで「ヒメちゃん、オレさ、今日いいことあるような気がするよ！」って少年のような満面の笑み。こんな顔できるオジサン、見たことないっ。

ひめかわ・さつき●安部礼司と同じ開発本部で働く妄想OL。社員の言動に人一倍関心を持つ。歴女（好きな戦国武将は石田三成）。

PART 4

大切なのは

なんでも
言い合える
仲間！

気を
許せる
相手には、

自信なんて
「セブンイレブン」にも
「ドンキ」にも
売っていないからねえ。

弱みも
凹みも
感情
まるだし

月曜日の朝、オフィスの電話が鳴り響く。そう今日は先日プレゼンしたコンペの発表の日。神妙な面持ちで受話器を取る。「そうでしたか、いや、我々の力不足でした。今後ともよろしくお願いいたします」。どよ〜んとした空気が満ちる。落選したのだ。こんなときも社内ではなるべく平静を装う。でも、そんなに強くなれるものではない。速攻で、同い年の友達に電話。「今夜、空いてる？ な、飲もうぜ！」。この友達の前ではなんでも話せる。とことん、落ち込んだ姿を見せられる。

「ええ？ そんな！ 落ちるなんて、そんなぁ！ みんなで頑張ってきたのにぃ！ 誰か、助けてください！ 自信がほしいよ、何事にも動じない自信がっ！」

神保町の路地裏で愛を叫び、号泣する。

隣で友達はおでんをつつきながら、こう言う。

「自信なんて『セブンイレブン』にも『ドンキ』にも売っていないんだよ」

こんなときの今ツボ曲

True Colors

シンディ・ローパー

挨拶代わりの
嫌みなツッコミは、

君がいなくても、
地球は回ってるぜ

090

そのまま
　　聞き流す

沖縄への出張。得意先との交渉も最後の詰めだ。緊張した面持ちで那覇空港に降り立つ。と、いきなり後ろから膝かっくんされた。振り向けば、自分とは違うイケてるサラリーマンの友達。バカンスで来たらしい。かりゆしを着ている。
「なんでスーツなんか着てるの？ 変なの！」
「仕事だからしょうがないだろ」
「会うほうだって、暑苦しくて、まとまる話もまとまんないぜ」
　これからビシッと決めようと思ってる矢先に嫌みなやつだ、と思いつつ、不思議と気にならない。
「さっきからスマホばっかり見てるけど、どったの？」
「いやあ、会社で何かあったらと思うとさあ。オレ、いちおうグループリーダーだから」
　そこで友達はニヤッと笑ってこう言った。
「おまえがいなくても地球は回ってるぜ」

こんなときの今ツボ曲

アジアの純真

PUFFY

同世代と
見込んだら、

ガンダムキャラの
理想の上司ランキング、
知ってます？

好きなマンガで
探り合い

息が詰まるかけひきの応酬。時に電卓片手に、取引相手とシビアなやりとりをすることもあるだろう。

ピリピリした仕事の話が終わったら、思いっきり「ユルい」話を振ってみよう。見たところ相手は同世代。「あ、全然関係ないんですけど、好きなマンガって何ですか？」。相手と距離を縮めるのにはマンガの話がうってつけだ。どんなマンガをいつ読んでいた？ 毎週買ってたマンガ誌は？ 好きなキャラは？ 好きなシーンは？ この辺を聞けば一気に相手が見えてくる。もちろん相手も、こちらが披露したマンガ歴を「あ〜なるほど」と受け止めてくれることだろう。

接点を探るのが難しそうな相手でも、一気に盛り上がるマンガの話。それにしても、マンガの話を、読んだ30年後にまだしているなんて、子供の頃は夢にも思わなかった。つくづくマンガは偉大である。

こんなときの今ツボ曲

すばらしい日々

ユニコーン

耳が痛い発言は、

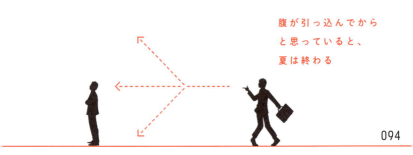

腹が引っ込んでから
と思っていると、
夏は終わる

時と場合に
よって
取捨選択

「お前だから言うけどさ」。核心をついた、愛あるダメ出しの言葉。年齢を重ねるほどに、叱られなくなっていく中、苦言を呈してくれる「友達」の存在は貴重で、ありがたいものだ。

しかし、「友達だからあえて言った」その言葉を「友達だからあえて聞かない」、そんな選択肢もあるということも忘れずにいたい。俗に言う「うるせえな、好きにやらせてくれよ」である。

「腹が引っ込んでからと思っていると、夏は終わるぜ」。夏の恋にオクテになってると、友人はこんな苦言を呈してきた。言っていることは確かにわかる。しかし、腹を引っ込めるかどうか、恋をするかどうか、こっちの勝手だ。友人の忠告を真面目に聞いて、だらしない体のまま迂闊(うかつ)に恋をし、痛い目に遭ったらどうするんだ。もちろんそんなとき、親友は涙を流して笑うだけで、発言の責任を取ってはくれないのだ。

こんなときの今ツボ曲

勝手にしやがれ

沢田研二

イケてるサラリーマンは

ありがとうな

096

使いよう

いきなりふられた飲み会のセッティング。ワインにうるさい部長がいたり、喫煙者の女性課長がいたり、生魚が食べられない次長がいたり、ああ、なんともやっかいだ。そんなお店、今から手配できるのか？ こんなときは、すかさずイケてるサラリーマン、通称イケリーマンの友達に連絡だ。
「ああ、ボキの友達にさ、飲食店やってるやつがいてさあ、そいつ、ソムリエの資格持ってるし、店も何店か見てるから相談してみてやってもいいけどねえ」。恩着せがましいけど、イケてるやつは、友達もイケてるから、当然、お店もイケてる。

さて飲み会当日。ご満悦のワイン部長も「こんなうまいワインが飲めるなんて、いや、名幹事、たいしたもんだ」とお褒めの言葉。「ありがとうな」とさっそく友達にお礼の電話を入れると、「ったくもう、ボクをあんまり頼らないでねえ」と言いつつ、うれしそうだ。

こんなときの今ツボ曲

どんなときも。

槇原敬之

その気にさせる友のひと言

自分の**可能性**は、
勝手に自分で決めちゃ
ダメなんじゃない？

> その気にさせる友のひと言

そのこぶし、振り上げずに、
机の下で握りしめな。
ガッツポーズに見えるぜ。

その気にさせる友のひと言

モチベーションの源は、体のツボみたいなもん。**自分で見つける**しかないんだよ。

その気にさせる友のひと言

「しなくちゃいけない」
じゃなくて、
「したい」で
生きていこうぜ！

From NISSAN あ、安部礼司 ～BEYOND THE AVERAGE～

友人
刈谷勇
は見た！

ア　ハハッハハハハ、あ、いきなりすみません。刈谷勇ドS！　ええ、安部きゅんはですねえ、田んぼの中の案山子ですね。案山子って、なんで鳥がいなくなるか知ってます？　怖がらせてる？　いえいえ逆です。鳥たちを笑顔にしてるんです。「こんないいやつなら、ここで悪さするのやめよう」ってどっか行っちゃうんです。それとおんなじ。安部礼司は案山子です。そこにいるだけでみんなが笑顔になっちまう。ほんと変なやつですよ。

かりや・いさむ●トレンディでアーバンなシティライフを満喫する、自称「スーパーエリートイケリーマン」。職業はIT関係で、平均的な安部礼司とは友達以上？の関係。高らかな笑いの陰には涙がいっぱいのMr.ギャップ。

PART 5

大切なのは

適度な
頑張り！

できないスキルを
要求されても、

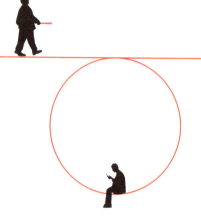

聞き流して自分流

「え？ これをパワポでまとめる？」。このとき、選択肢はふたつある。「苦手なパワポをなんとか頑張る」「パワポ以外のフォーマットでまとめる『自分流』」。それにしても思うのは『自分流』という言葉の都合のよさである。でも本当にできない場合は『自分流』を貫くことも、けっして悪くない。

なにしろパワポは無理なのだ。無理なことを頼むほうにも問題がある。時にはそんな開き直りが必要だ。それでもどうしてもパワポでまとめたいのだったら他を当たってもらう。他の社員が全員ダメでやはりどうしても、ということであればパワポじゃなくてワードになっちゃいますけどいいですか？ そういう話だ。できない自分を責めることはない。だってそれが『自分流』だから。「パワポくらいできて当たり前」。それはできる側の理論でしょう？ 世の「当たり前」に対して堂々とＮＯが言える、凜々しいダメ社員でいよう。

こんなときの今ツボ曲
Don't Get Me Wrong
プリテンダーズ

好きな分野を
ちゃっかり

仕事に
くっつける

テレビで観たウミガメの産卵シーンに感動した。目に涙をためる母ガメの姿。すっかりウミガメが大好きになった。そんなとき海辺の撮影場所を探していると部長が言った。
「あ、それならいい場所、知っています！ 屋久島がいいです、ゼッタイ、屋久島です！」
　あまりに熱心に推薦するものだから、部長も折れる。もちろん、こちらの目的はウミガメの産卵を見ることだ。でもその目的がバレても平然とこう言えばいい。「ウミガメの赤ちゃんは生まれたときから過酷な運命を背負うんです。砂浜から海に辿り着くまでに鳥に襲われたりして。それを可哀相に思った人間が、生まれたばかりのウミガメをそっと手で持って海に放ったらどうなるか？ その子は二度と、故郷の浜辺に帰って来られない。過酷なまでの砂浜の試練が赤ちゃんに、ちゃんと故郷の記憶を刻んでいるんです」。いい話で煙に巻く作戦だ。

こんなときの今ツボ曲

Junior Sweet

Chara

なんだか
よくわからない

ビジネス
用語には、
適当に相槌

「**ね**え、これってレギュレーションどうなってんの?」「どうなってるんすかねえ」

「あいつ先方にちゃんとコミットできてんのかなあ?」「できてるんすかねえ」

相手の言ってることがよくわからないな、と感じたときは、思い切って「適当な相槌(あいづち)」で済ませよう。「レギュレーション」も「コミット」も「アジェンダ」も、正しい意味はわからない。でも、なんとな〜くなら、わかる、気がする。こういったビジネス用語の正確な意味をハッキリさせず、自分の中で遊ばせておく「遊びゴコロ」。それもいいよねと、ズボラな自分に言い聞かそう。

それより注目したいのは「ビジネス用語」を繰り出す相手の表情だ。「俺、すごくね?」的なドヤ顔なのか。いたってフツーな顔なのか。フツーに使ってる人が圧倒的に多い場合、その言葉の正しい意味は、さすがに知ってたほうがいいだろう。

こんなときの今ツボ曲

innocent world

Mr. Children

苦手な
　　相手は、

「近いうちに」
とか
「また今度」で
　曖昧な約束！

お得意先のカラオケ大好き課長。1次会で済むことは皆無。必ず「さくっと行っちゃう？ オケカラ」。言葉をひっくり返しても行く場所は同じ。気がつくと、20曲ほど入れてしまう。しかも、後半は必ず英語の曲。ビリー・ジョエルの『オネスティ』は3回おかわりする。ああ、目を閉じて歌ってる。エコー、かけすぎです。そんな人に飲み会に誘われたら、当然、こう言おう。

「近いうちにお供させてください！」。あるいは「また今度、お願いします」。「カラオケ長いんで、当分行きたくないですね」とは言えるはずもなく。

「ちょっと一杯だけ」と言って、30分で終わったことがないように、この世界には、「いつか」と「そのうち」は、永遠にやってこないのが通例だ。

そしてあるとき後輩を誘うと、こんなふうに返されたりする。

「ああ、近いうちにお願いします」

こんなときの今ツボ曲

SOMEDAY

佐野元春

サボれる仕事は大事に扱う

サボれる場所はたくさんある。会社じゃなければいいんだ！

サボれる仕事で、サボるかサボらないかは自分次第。誤解のないよう言っておきたいのは、ここでいう「サボる」とは、単に「仕事をなまける」というニュアンスとは違う、ということだ。例えばここに、普通に働いて2時間かかる量の仕事がある。これをもし、全身全霊の全速力で頑張って、1時間半で終わらせることができたとしたら……なんと30分も余裕ができることになる！ そしてもしこれが、外回りのような「上司の目の届かない場所」での仕事あれば……そう、あなたは自らの頑張りによってきわめて正当に、30分のおサボりタイムを手に入れたということになるのだ！

真夏の外回り。得意先を速足で、汗だくになって歩き回って捻出した30分。どう過ごそうかあれこれ思案し、ついに訪れたクーラーの効いた喫茶店でのまどろみタイム。この時間こそがサラリーマンの「宝」である。

こんなときの今ツボ曲

サマータイムブルース

渡辺美里

どんな
　ときでも

定時で
　　退社を目指す

いい大人こそ、大きな野望を秘めていたい。
「俺はいつも『定時で退社』を目指している」
何をバカな、と周りは笑うだろう。しかし、ほんのわずかな望みがある限り、あきらめるべきでない。覚悟がキマった男は後ろ姿でわかる。背中にはいい緊張感が漂っているはずだ。部下がいるのならなおさら『定時で退社』にこだわるべきだ。部下を持つくらいの立場になるとわかってくる。「時間をかけりゃいいってもんじゃない」。仕事だけじゃなく、世の中のすべてにあてはまる真理だ。

「パッパとやっつけてさっさと飲みに行くぞ！」
上司にそんな気迫があれば、美味い酒を飲むために、部下も遮二無二なるだろう。そしてそんな「定時で退社」実現のために何より大切なのは、決断のスピード感。だから部下には常に「速い上司」と思われたい。社食でAランチかBランチか、なかなか決められない姿だけは、絶対に見られてはいけない。

こんなときの今ツボ曲

空も飛べるはず

スピッツ

営業トークは生保レディに学ぶ

営業が得意な人と、苦手な人がいる。得意な人はお喋り好きでトーク上手、苦手な人は口下手で、とつい思ってしまうが、実はそうとも言えない。あるベテラン生保レディに聞いた話だと、営業の極意はそんなところにはないという。

「新人営業マンは、売ろうとしないこと」

彼女は確かにそう言った。ではどうするのか？

「売ろうとするな。買ってくれる客を探せ」

例えば、あなたは携帯MP3プレイヤーを売り歩く営業マンだ。しかしこのMP3、どういうわけか8曲しか入らない。一体これをどう売るか？ いくらトークを駆使しても、音楽好きには見向きもされないだろう。しかしある人気ミュージシャンが「一風変わったアルバム」としてこのMP3に曲を入れてリリースしたいと言い出したら……？ 一気に営業トップも夢じゃないだろう。営業とは、あなたを必要としてる人を、いかに探すかなのだ。

こんなときの今ツボ曲

CHANGE THE WORLD

エリック・クラプトン

不得意なことは

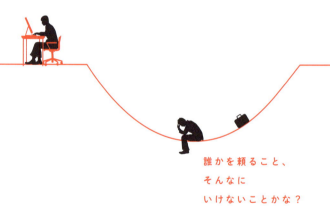

118

誰かを頼ること、
そんなに
いけないことかな？

他力でカバー

なんとなく始めたデータ処理。え？ 意外に量が多い。案外時間かかるかも。そんなときは、まずアピール。「うわあ、大変だな、こりゃエンドレスだわ、こりゃあ。やってもやっても終わんねえ」

仕事というのは机ひとつ隔てれば、隣は何をするひとぞ。自分以外のひとはどれくらい忙しいか、わからないもの。大変さを開示するのは勤め人として正しい行為なのである。そしてそこでもうひとつ、「ああ誰か、手伝ってくれないかなあ」。そう伝家の宝刀『他力本願』。もともとデスクに座ってじっとデータを打ち込む作業が苦手なら、そういう仕事が大好きな同僚や後輩に手分けして手伝ってもらう。その代わり、もちろん、夜食のカップヌードルやおにぎりは、買いに行く。「はい、そちらが、鮭マヨで、こっちが梅干しね」。おにぎりの具にこそ魂を込める。サラリーマンたるもの、誰かに頼るのは、そんなにいけないことではないのである！

こんなときの今ツボ曲
バンビーナ
布袋寅泰

PART 5 ── 大切なのは適度な頑張り！

うれしい報告は
電話じゃなくて、

あえて会社に
戻ってから！

お得意先に呼ばれて、緊張した面持ちで応接室をノックする。告げられたのは、え？ やったあ。企画が採用！ プロジェクトチーム全員で頑張ってきた日々が走馬灯のように甦える。いいアイデアが出ずに悶々とした会議。みんなそろって夜食ですすったカップヌードル。まとまりかけた企画をいきなり根底からひっくり返した新人の発言。うまくいけば、みんないい思い出だ。得意先を出て、すぐに報告の電話を入れようとして、思い留まった。そうだ、うれしい報告こそ、直接会って伝えたい。

会社に戻ると、え？ みんなが慰めてくる。「次、ありますから」「そんな暗い顔しないでください。命取られたわけじゃないんですから」。おいおい、みんな、採用なんだよ、オレたち！ 取ったんだよ、仕事！ 大声で叫びたかったけれど、みんなの優しさの中に、もう少しいよう。電話しなくてよかった。いい報告は直接伝えるに、かぎる！

こんなときの今ツボ曲

Breakout

スウィング・アウト・シスター

毎日
つきあって
くれる

自分の胃に
感謝

年に一度の健康診断。バリウムを飲んだら、胃に影が見えると言われ、再検査。後日、胃カメラを飲んだ。口の中に管を突っ込まれながら、初めて自分の胃を眺める。ジーンときた。

「ああ、ずいぶん、苦労をかけたなあ」

　胃はエライ。文句ひとつ言わず、上から落ちてくるものを、ひたすら消化する。時には反乱も起こすけど、基本、無言で頑張る。あんたは臓器の中の高倉健だっ！　かつ丼にカレーを食っても、飲んだあとにラーメンを食べても、二日酔いに迎え酒をしても、あんたは必死で処理しようとしてくれた。ご主人のために……。泣けてきた。そう、感謝しなくちゃいけない。自分の胃に。カロリーとストレスをなるべく少なくするからね。そう約束したにも関わらず、「あ？　今夜ですか？　ええ、空いてますよ。行きますか、焼肉」。

　胃の涙、その名は胃酸。大切にしなくちゃ。

こんなときの今ツボ曲

大切なあなた

松田聖子

> リキみがとれる巷のひと言

小さな灯りだって
いいんだ。
消えたって、
何度でも光ればいいんだ。

リキみがとれる巷のひと言

人間はね、
難しく考え出すと、
キリがないから。
シンプルにいかないと、
ダメダメ!!

リキみがとれる巷のひと言

おしなべてサラリーマンというものは、
いますぐ自分がいなくなっても
回り続けるようでなくてはなりません。
だから、安心して、
有給休暇がとれるわけです。

PART 6

大切なのは

気持ちの
持ちよう!

中身はイマイチ
でもプレゼン
だけは

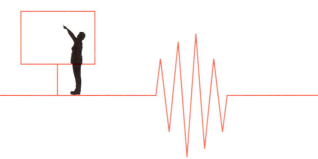

DJ気取りで
楽しく明るく！

！

いいアイデアが浮かばない。仕事でこれ以上つらいことはない。ねじり鉢巻きで、徹夜で机にかじりついても、出ないときは出ない。それがアイデアというものだ。こんなときは方向転換しかないだろう。アイデア勝負はさっさとあきらめ、思い切った「キャラ勝負」で、翌日のプレゼンに勝負をかけよう。もちろんイマイチなアイデアを補うだけのキャラだ。生半可な仕上がりは許されない。部長がかつて通い詰めた昭和のディスコDJを気取って、VERY COOL な会議室を HOT な MC でアゲまくる！ そのくらいの覚悟は必要だ。そして見事「キャラ勝ち」できればこっちのもの。

「こいつワケわかんないけど、でも……なんか楽しそうだな！」。どんなにいいアイデアでも、一緒にいて楽しくない人間と仕事はしたくない。そうみんな思っている。「僕となら楽しく仕事ができますよ！」。そんな自分をプレゼンしよう。

こんなときの今ツボ曲
希望の轍
サザンオールスターズ

浮かれすぎくらいの妄想で気持ちをアゲアゲ！

『情熱大陸』も出るな。
——安部礼司、かつて、ふつうのサラリーマンだった

サラリーマンにとって、月曜日の朝は、まさに憂鬱以外の何ものでもない。通勤電車もひときわ混んでいるような気がする。押し合いへしあい、電車に乗るのも降りるのもひと苦労。やっと手にしたつり革につかまり、車窓を眺める。

「ああ、朝イチの会議、やだなあ」。とここで溜息をついても始まらない。妄想力で乗り切ろう。混んだ車内でも妄想にスペースは関係ない。

もしも、オレの営業ででっかい得意先がとれて、しかもその会社の受付の女の子が、オレに惚れて、その子がその会社の社長の娘で、いきなり婿養子に入って、え？ オレが次期社長？ 気がつけば黒塗りのハイヤーでの送り迎え。へへへ、業績があがって、『ガイヤの夜明け』に出演して、え？ ビジネス本、出しちゃう？ それが映画化され、その主演女優との……ダメだ不倫はダメだ。でも……へへへ。

「なんだか根拠のないやる気、出てきたゾ！」

こんなときの今ツボ曲
すべてはホントでウソかもね
米米CLUB

ダメ出し
　　されても、

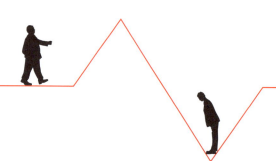

「期待されてる」
ってことで納得

「はい、この企画書、やり直し！」

え？　また？　これで7度目だ。いったいいつまで続くのか。これはもうイジメなんじゃないだろうか？　どうして部長は自分にばかり厳しいんだろう……。そんなふうに思ったとしたら。それは間違いなく、期待されている証拠だ。そうに違いない。そう思い込もう。深夜零時。デスクライトだけがポツリと光るオフィス。ひとり企画書と格闘していると、ガチャとドアが開く。「なんだ、まだやっていたのか。いや、近くを通りかかってなあ」と部長。手にはコンビニのビニール袋が。袋の中から出てくるのは、あったかい肉マンだ。「まあ食え。腹が減ってはいくさができぬってなあ。はははは」

　っていうか、あんたのせいじゃないかと思いながら肉マンにかぶりつく。うまい、すこぶる、うまい。そうして後日、同じ部の女性から聞くのだ。
「部長、期待してるんだって、あなたに」

こんなときの今ツボ曲
キン肉マン GO FIGHT
串田アキラ

飲み会
押さえるのも、

サラリーマンの
大事な仕事！

「**飲**み会、どっか店押さえといて！」
突然上司に言われて、憮然とした経験はないだろうか。「飲み会の予約？ できない社員とか新入社員のすることじゃねーか！」。

いや違う。サラリーマンの勤めの中で「飲み会の仕切り」の重要度レベルは間違いなく『高』だ。参加する人数やメンツ、懐具合、飲みたい派か？ 食べたい派か？ 2次会はカラオケでいいのか？ 気にすべきポイントは無数に存在する。会の盛り上がりは「仕切り役次第」といっても過言ではない。

そして華やかな表舞台を陰から操るこの感じは、何かに似ている。そう、プロデューサーだ。苦心して自分が選んだ店で、皆が大いに飲み、語らう。酒も肴も満足。お会計を聞いて大満足。感心した上司が呟く。「お前いい店知ってるなあ」。プロデューサー冥利に尽きる瞬間だ。そしてすぐに、飲み会以外のプロデュースの仕事も舞い込むことだろう。

こんなときの今ツボ曲

Chase the Chance

安室奈美恵

ダラダラと仕事
するくらいなら、

「おさぼり」で
リフレッシュ！

隣の席の後輩が、「ふわ〜」とあくび。明らかに集中していない。月末でただでさえ忙しいときに、さらに新しい案件が舞い込み、休む暇はないはずだ。だがまたしても、「ふわ〜」。

　そんなときは、そう、オフィスを出て、路地裏の雑居ビルに後輩をいざなう。そこにあるのは、卓球場。コツンコツンと白くて小さい球がはじける音。小気味よいその音につられて試合に熱中する。

「いやあ久しぶりにやると、なんか面白いっすね」

　後輩の上気した顔。体中に血が巡っているのがわかる。これだ、この顔だ。酸素をたっぷり脳に注入して、自販機で炭酸系飲料をグビグビやる。

「ぷは〜」。2人で笑顔になる。おさぼり上等！

「ふわ〜」から「ぷは〜」。これこそが、サラリーマンの新おさぼり術なのである。

　カタカタと隣から聴こえてくるパソコンの音色。反対に、自分が眠くならないように。

こんなときの今ツボ曲

everybody goes -秩序のない現代にドロップキック-

Mr.Children

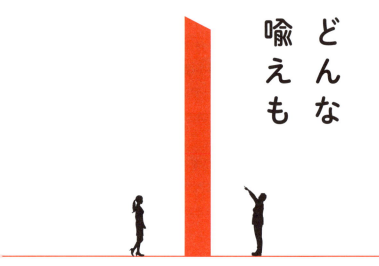

どんな
喩えも

都合よく
解釈

後輩が、狙ってる女の子とデートをしたとき、舞い上がってこんなことを聞いてしまった。
「君にとって僕は、どんな存在？」
　彼女はちょっと困った様子で、答えた。
「コンビニみたいな存在、かな」
　え？　それって「身近にいないと困る」ってこと？　てことは脈アリ？　いや、違う。むしろ、逆。「コンビニ＝都合のいい、便利なだけの男」。2人の関係性から察すると、そう捉えるほうが自然だろう。でも、最初に「都合のいい男」扱いされたのは、却って良かった。なぜならそこには、充分な『のびしろ』があるからだ。今は都合のいい男でも、どんどん成長して、いずれ彼女の大切な存在になればいいだけの話じゃないか。のびしろとは「無限の可能性」。そしてのびしろの無い恋ほど、つまらないものはない。そう考えると、無限の可能性を手にしている後輩は、とんでもない強運の持ち主だ。

こんなときの今ツボ曲
愛は勝つ
KAN

ストレスが溜まりすぎたら

サラリーマンなら、ストレスがあるのが当たり前！

140

ヒトカラで解消！

スポーツ。ショッピング。スイーツ。お酒。ストレスの解消法はいろいろあるが、オススメしたいのが「ヒトカラ」、ひとりカラオケだ。

え？ 受付で「1人」って言うのって恥ずかしくない？ その心配は杞憂(きゆう)に終わる。何しろ平日昼間のカラオケボックスは「ヒトカラ」目当てのさぼリーマンで溢れているのだ。

ヒトカラが普通の、みんなで歌うカラオケと革新的に違うのは、「100％自分のためだけに歌える」ところだ。上手い下手は関係なし。選曲も自由。ただひたすら好きな歌を、好きなように、好きなだけ歌う。これがとんでもなく気持ちイイ。コスパ的にも、最強のストレス解消法と言っていい。

「俺の応援ソング縛り」「俺のアゲ曲縛り」など、自分以外誰も共感できない「縛り」をつけて歌いまくるのもいい。「俺の高3胸キュン縛り」等の細かすぎる縛りで、思い出に浸りまくるのもオススメだ。

こんなときの今ツボ曲

情熱の薔薇

THE BLUE HEARTS

苦手な分野で

だいたい、うまくやろう、
カッコつけようって
思ってるから、苦手になる

背伸びしない

ある先輩社員に、こう言われた。「いいか、手紙は効くぞ〜。手書きはいいぞ〜。メール中心の社会だからこそ、手紙だ、葉書だ、お礼状だっ！」

と言われても、字、下手だし。っていうか、小学生の息子の字のほうがうまいと妻に言われるし。これじゃイカン！とペン習字講座に通う。かつて雑誌の裏表紙の広告に必ずあったペン字の通信教育講座。しかし、こればっかりは限界がありそうだ。

習えども習えども上達せずにじっと手を見る、みたいな。ある得意先にすっかり御馳走になってしまった翌日のこと。お礼状を書こうと思ったが、どうも、筆がすすまない。というより、すすんでくれない。ならばと社を飛び出し、直接お得意に出向いた。すると「いやあ、わざわざお礼を言いにくる人に初めて会いましたよ。あははは」と喜んでくれた。

つまりは、自分の苦手な分野でカッコつけなくていいってこと。

こんなときの今ツボ曲

手紙をかくよ

JUDY AND MARY

気持ちをラクにするひと言

長所は欠点に支えられてる。
幸せもつらいことに支えられてる。

気持ちをラクにするひと言

ビジネス本、自己啓発本、
いっぱい出てるよねえ。
それだけ、**人生ってやつ**は、
やっかいなんだなあ。

気持ちをラクにするひと言

フツウがイチバンだぞ。
奇をてらうと、
ろくなことにはならない。

PART 7

大切なのは
やっぱり

ラブ！

恋の極意は

社外で調達

！

部下の女性社員の様子が、どうもおかしい。仕事に身が入っていない。いつも上の空。さりげなく食事に誘うと、白状した。
「私、いつも男に捨てられてボロボロなんです」

さて、ここでなんとアドバイスしようか。ピーンと何かが降りた。そう、この間、家族で行った水族館。サメコーナーで飼育員のお兄さんがこんなふうに言っていた。「サメのオスは好きなメスがいるとね、メスの首を嚙むんです。なので、メスはモテればモテるほど、ボロボロになります。つまりはボロボロになっているほど、モテている証拠なんですよね」。

これだ、これしかない。すかさず部下の女性に言う。「サメっていうのはねえ、モテるメスほど、ボロボロなんだってさ」。カラン。グラスで氷が溶ける。彼女の心も溶けていく。畳みかけるようにこう付け加える。「たくさん、傷があるほうが、人間として上等なのさ」。水族館、ありがとう！

こんなときの今ツボ曲

愛のメモリー

松崎しげる

女子の頼み
とあらば

ダイエット中でも
食べまくる

!

あと数キロ痩せさえすれば、彼女は振り向いてくれるのか？ 問題はそこだ。見た目を磨くだけで解決できる問題であれば、炭水化物を抜くことも、食べ順を変えることも大いに結構。でもそうじゃない場合は？ ──努力の果てに３キロダウン。意中の彼女と念願のデート。しかし彼女から「痩せた？」の言葉はナシ。そんなとき「見て！ あれすごくない？」。振り向くとなんと、期間限定デカ盛りキャンペーン開催中！ ２キロのチャーハンを完食すると、ギョーザ君ストラップをプレゼント！

「あのストラップ、超可愛いな……」
　彼女がそう呟いたとき、君のやることはひとつ。もうダイエットは関係ない。食べて食べて「俺は欲しいものは必ず手に入れる男だ」と彼女に猛烈アピール、それしかないのだ。さあ、男らしく２キロのチャーハンを２皿、平らげよう！ え？ だって思い出のストラップ、彼女とお揃いで持ちたいよね！

こんなときの今ツボ曲

だいすき

岡村靖幸

合コンでは

合コンはあくまで
チームプレイ！

上司・部下の
上下関係
はなし

!

　会社も、合コンも、肝は「チームプレイ」である。ひとりでは成し遂げられないビッグ・プロジェクトも、さまざまなプロが集まった「チーム」なら戦える。もちろんチームである以上、好き勝手な行動はご法度だ。上司が司令塔となり、部下が動き、各々が持ち場で長所を発揮してはじめて、ゴールを狙える。それが会社だ。

　合コンもチームプレイだということに異論はないだろう。各々がスタンドプレーに走ってもろくなことはない。「みんなが楽しい酒の席」という奇跡を目指し、男性班女性班それぞれがチームワークを発揮しながら、会話のパスを繋いでいくのだ。

　だがここで勘違いしてはいけないのは「会社の司令塔」イコール「合コンの司令塔」とは限らないということだ。仕事ができる先輩が、合コンもできるとは限らない。司令塔の采配ミスは思わぬ大失点の元なので気を付けよう。

こんなときの今ツボ曲
ヒーロー
麻倉未稀

女性から
元気のない電話が

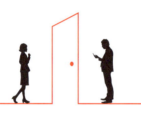

かかってきたら、
放っておかない

！

そ れはたいてい仕事が忙しいときにかかってくる。「今、ちょっといい？」。つきあっている彼女からの電話。いつもと違った沈んだ声。気になる。「あ、ごめん、今、取り込み中で、あとでかけなおすからね」

そこまでは、よくある話。忙しすぎて、かけなおすのを忘れ、「あちゃ〜」となっても後の祭り。彼女からの元気のない電話には真摯に対応しよう。「さっきは、ごめんね。なんかあった？ どうしたの？」。優しく電話する。「ううん、ただね、いつものこと、お局(つぼね)がさあ、私にばっかり意地悪してきて……私もう悔しくて……」。泣く。そこで彼女の部屋のインターフォンが鳴る。「あ、ごめん、誰か来たみたい」。ガチャリ。開けたドアの向こうにいるのは？ そう、電話をかけたオレ。「電話だけだと心配だからさ、来ちゃったよ」「もうバカ！」。彼女が抱きついてくるな、これはもう、ゼッタイに。

こんなときの今ツボ曲

愛があれば大丈夫

広瀬香美

好きな人の
ためなら、
とことん
待つ

待つよ、
日付が変わるまで、
とことん待つ

クリスマスイブは、一緒に過ごしたい。そんなふうに思う女性の気持ちは、ぜひ尊重したい。「私が会いたいって言い出したのに、ダメかもしれない、クリスマスイブ。ウチの会社、12月が決算で、一年でいちばん忙しいから」。間髪入れずにこう言うべきだ。「待つよ、ずっと」「ずっとって日付が変わっちゃう」「それでも、待つ」。男らしく、言葉は少なめ、感情多め。たっぷり間をあけよう。

待ち合わせ場所は、イルミネーションに彩られた大きなもみの木の前。午前零時。彼女は来ない。街に流れる『クリスマス・イブ』。「きっと彼女は来ない？」。いや、たとえ自分がハチ公の銅像になっても、待つ覚悟が必要だ。やがて、走ってくるハイヒールの足音がする。「ごめん！ 日付、やっぱり変わっちゃったね」。そう言われたら待ってましたとばかり、腕時計を見せる。30分、遅らせた時計を。「よかった！ 間に合ったよ」

こんなときの今ツボ曲

Love Love Love

Dreams Come True

大切なのは、

かけるお金
じゃなくて、
気持ち

ほとんどの若者はお金がない。だからこそ若い頃は「お金をかけた贈り物」が有効だった。

「お前にプレゼントしたくて、2か月バイトして買ったんだ、これ」

結果はどうあれ、素敵な思い出である。

残念ながらこの作戦は、今はもう使うことができない。なぜなら我々は、あの頃より、僅かではあるがお金を持ってしまった。本気で無理をすれば、それなりの額の「商品」をサッと買うこともできる。ただそれで、あの頃の自分に勝ったことになるわけではない。「大人のプレゼント」の難しさはここにある。

「お金をかけりゃいいってもんじゃない」

ではお金以外で、どうやって気持ちを表せば？この難問にどう答えるかで男のセンスが問われるだろう。

「やっぱ、手作りかな♪」

いや、手作りがいいという話ではない。

こんなときの今ツボ曲
恋は大騒ぎ
小田和正

プロポーズの言葉は

もう1回、言って！

AVERAGE

平均的でもよしとする

さて、プロポーズである。ついにそのときがやってきた。雑誌やネット、なんでも調べた。女性がどんな言葉を待っているかを。友達を仕込んでおいて、いきなり踊り出す的なやつも、検討してみる。ダメだ、腰痛持ち。踊れない。彼女の好きなスキューバダイビング。海の中で結婚の申し込み？ダメだ、そもそも泳げない。いろいろ考えているうちに、彼女の誕生日がやってくる。この日しかない。

レストランを予約する。けっこう無理して高めのお店。2人で入ろうとしたら、いきなり後輩と出くわした。彼は後ろに立っている彼女に気が付かず、「先輩、そっかあ、ここであれっすね、プロポーズするっすね？」。しっかりと聴いている彼女。こうなったら、もう引っ張るわけにもいかないと思い、「結婚してください」。いたって平凡。「ごめん、なんかフツウで」。彼女はニコっと笑ってこう言った。
「いいの。もう一回言って」

こんなときの今ツボ曲

CAN YOU CELEBRATE?

安室奈美恵

背中を押してくれるひと言

ちゃんと「求めない」と、
大事なもんが
どっかにいっちゃうぞ。

背中を押してくれるひと言

「言葉にしなくても愛は伝わるはず」は**思い上がりというものです**

by 柴門ふみ

『恋愛論』(PHP文庫)より

From NISSAN あ、安部礼司 ～BEYOND THE AVERAGE～

妻
安部優
は見た！

我が夫、安部くんとは、いわゆる社内結婚です。なぜ彼と結婚したのか、まわりから不思議がられました。この間、一緒に会社に出社するとき、混んだ駅の改札で、安部くんの目の前の人がピンポーンって流れを止めてしまって。みんなが舌打ちとかしてるなかで安部くんは言ったんです。「ボクもよくやっちゃうんですよ。気にしないでください。のんびりいきましょう」って。ああ私、こういう人だから好きになったんだなって思いました。

あべ・ゆう●「自分磨き＆自分癒やし」が信条のキラキラ系小悪魔OL。姉御肌な一面も漂わせるグラマー美人。2008年に安部礼司と結婚し、同年長男を、2014年に長女を授かる。旧姓・倉橋。現在は働くママとして大日本ジェネラル勤務。

いつか役立つ平均的サラリーマンの人生訓

パソコン
いじるより
情報通の友。

「わりと」を
つければ
カラスも白い。

コンビニで先に
買い物をすると
立ち読みが許される。

のび太を気取っても、
助けてくれる
ドラえもんはいない。

UFO
キャッチャーは
引き際が肝心。

抜け毛問題には
「たま」「さか」
「こぎれー」
「に」「大豆」！

卵
魚
小麦粉
牛乳
レバー
肉

「月並みなんだけど」
って言葉の
次のフレーズが
けっこういい。

コピー後は
リセットボタンを
必ず押す。

自販機の
つり銭ボックスには
時々福が来る。

ドラマの中の
いいセリフは、
温めておくと
いつか使える。

棚上げした問題は、
必ず棚から
落ちてくる!!

つき合っている人が
いなくても、
社内での合コン話は
女子に不評。

余興のネタは
ブーム真っ只中の
路線にすると
かぶりやすい。

ダイエット中でも、
人生最後の食事と
思えば、とんかつは
こわくない。

キャラにない
絵文字は
人を憂鬱にさせる

カードも人間も
チャージしないと
役に立たない。

あとがき――安部礼司のトリセツ

『あなたの中に、安部礼司』。
そう、安部礼司は、あなたの中にいます。
だから決して真似しようとしないで、ただ我が身を振り返ってみてください。
この本を読めば、あなたの中の平凡、平均、まわりを色眼鏡で見なかったあの頃が、蘇ってくるでしょう。人生は、キツイ。人生

は、哀しい。人生は、うまくいかないことの連続だ。それでも、なんとか毎日、生きている。満員電車に揺られ、ちょっとバッグが当たっただけで睨まれ、上司には「いい加減、しっかりしてくれよ!」と怒られ、後輩には「先輩には、ガッカリっす」とか文句を言われ、家でも「たまには手伝ってよう!」とか言われ、それでも雨にもマケズ、風にもマケズ、朝起きて会社に行く。
本書が、そんなあなたへの応援歌になれば幸いです。

チーム安部礼司　北阪昌人・村上大樹

特別付録 ── あなたの安部礼司度をチェック!

- □ 日曜日の黄昏時、「明日から会社だ」と思うとユウウツだ。
- □ みんなで定食屋に行ったとき、自分だけ注文したものが来ない。
- □ 終電で寝過ごしたことがある。
- □ 集合写真でいい感じに写ったためしがない。
- □ 「ここは俺が払っとくよ」と言いたいときに限って持ち合わせがない。
- □ スマホの充電が少なくなると、自分まで元気がなくなる。
- □ テレビに向かってつい独り言を言ってしまう。
- □ コンビニで合計金額が７７６円だとモヤッとする。
- □ 社内では「いい人キャラ」で通っているが、実は腹黒い。
- □ 自分にはもっと似合う髪型があるとずっと思っている。
- □ いつもタッチの差で電車に乗り損ねる気がする。

あてはまるものにチェックをしてください！

☐ ☐ ☐ ☐ ☐ ☐

いつもタッチの差で出世コースに乗り損ねる気がする。
盛り上がりに欠ける飲み会で、道化を演じてしまいがちだ。
心にもないことを言おうとすると、顔がひきつってしまう。
自分が今、本当に食べたいものは何なのか、よくわからなくなる。
ハーゲンダッツはやはり特別な高級品だ。
不思議と小さな子供や動物には好かれる。
「今、本気でキレてますオーラ」が社内でまったく伝わらない。
「大盛り無料」「ライス無料」の誘惑には抗えない。
「一杯だけ」と誘われた上司に、よく終電までつき合わされる。
よく考えてみたら学生時代から内面がほとんど変わっていない。

7つ以上当てはまったあなたは、アベレージマン予備軍です……
特に「日曜日の黄昏時、"明日から会社だ"と思うとユウウツだ」
と思ったあなた！ **そんなあなたに聞いてほしい！** ↓

AVERAGE　あ、安部礼司　NISSAN BEYOND THE AVERAGE

チーム安部礼司

文　北阪昌人／村上大樹

選曲　勝島康一（MEGAHOUSE）

編集協力　砂井博文／久米香織

NISSAN あ、安部礼司
~ BEYOND THE AVERAGE ~

毎週日曜日 夕方5時〜
TOKYO FM をはじめ JFN37 局ネットで絶賛放送中

主な声の出演

安部礼司	小林タカ鹿
安部(倉橋)優	もたい陽子
刈谷 勇	杉崎真宏
飯野平太	市川訓睦
大場嘉門	増田 晋
ナレーション	五十嵐 明
姫川皐月	平田裕香
鞠谷アンジュ	稲村 梓

番組制作スタッフ

総合演出	勝島康一(MEGAHOUSE)
脚本	北阪昌人／村上大樹
演出補	松浦耕平(MEGAHOUSE)／菊池裕司(MEGAHOUSE)
制作管理	久保拓生(MEGAHOUSE)／福井友美(博報堂)
営業	石川 泉(TOKYO FM)
グッズ	久米香織(TOKYO FM)
リサーチ	池澤亮太(浅井企画)／服部吉弥
WEB	衞藤大二(.D design)／西森郁馬(TOKYO FM)
企画・原案	堀内貴之(シンクロのシティ)
アート・ディレクション	寄藤文平(文平銀座)
共同プロデュース	嶋田三四郎(博報堂DY)
プロデューサー	砂井博文(TOKYO FM)
スポンサー	日産自動車株式会社(吉野浩正／志賀一惠)
パートナー	株式会社TBWA＼HAKUHODO (中尾素子／松本千穂／松隈太翔) 株式会社博報堂DYメディアパートナーズ (小山洋平／日下 聡)

平均的(アベレージ)サラリーマンの
最強の生き方

なぜかうまくいっている人が
大切にしている7つのこと

2017年4月20日　第1刷発行
2017年5月2日　第2刷発行

著者	チーム安部礼司 + TOKYO FM
発行者	石﨑 孟
発行所	株式会社マガジンハウス
	東京都中央区銀座 3-13-10 〒104-8003
	書籍編集部 ☎ 03-3545-7030
	受注センター ☎ 049-275-1811
印刷・製本所	大日本印刷株式会社
ブックデザイン	寄藤文平 + 杉山健太郎

©2017 TEAM AVERAGE & TOKYO FM, Printed in Japan
ISBN978-4-8387-2917-3 C0095

乱丁本・落丁本は購入書店明記のうえ、小社制作管理部宛にお送りください。
送料小社負担にてお取り替えいたします。
但し、古書店等で購入されたものについてはお取り替えできません。
定価はカバーと帯に表示してあります。本書の無断複製(コピー、スキャン、デジタル化等)は
禁じられています(但し、著作権法上での例外は除く)。
断りなくスキャンやデジタル化することは著作権法違反に問われる可能性があります。
マガジンハウスのホームページ　http://magazineworld.jp/